IDÉE
SUR LES ROMANS

Déja parus dans la collection Arléa-Poche

1. Tahar Ben Jelloun, *Éloge de l'amitié*
2. Paul Morand, *Éloge du repos*
3. Albert Londres, *Les Forçats de la route*
4. Jerome K Jerome, *Pensées paresseuses d'un paresseux*
5. Fruttero & Lucentini, *La Signification de l'existence*
6. Jean-Claude Guillebaud, *Le Voyage à Kéren*
7. Pierre Veilletet, *La Pension des Nonnes*
8. René Girard, *Quand ces choses commenceront...*
9. Edmond Haraucourt, *Daâh, le premier homme*
10. Honoré de Balzac, *Petites Misères de la vie conjugale*
11. Henri Guillemin, *Silence aux pauvres !*
12. Albert Londres, *Dans la Russie des soviets*
13. J.M.G. Le Clézio, *Ailleurs*
14. Jerome K. Jerome, *Trois Hommes sur un vélo*
15. Pierre Veilletet, *Le Vin, leçon de choses*
16. Albert Memmi, *Bonheurs*
17. Sami Naïr, *Contre les lois Pasqua*
18. Albert Londres, *Au bagne*
19. Arthur Rimbaud, *Une saison en enfer*
20. Arthur Rimbaud, *Illuminations*
HC Marquis de Sade, *Idée sur les romans*

Donatien-Alphonse-François de Sade

IDÉE
SUR LES ROMANS

arléa

16, rue de l'Odéon, 75006 Paris

ISSN 1270-9204
ISBN 2-86959-330-9
© Février 1997 – Arléa

On appelle roman, l'ouvrage fabuleux composé d'après les plus singulières aventures de la vie des hommes.

Mais pourquoi ce genre d'ouvrage porte-t-il le nom de roman ?

Chez quel peuple devons-nous en chercher la source, quels sont les plus célèbres ?

Et quelles sont, enfin, les règles qu'il faut suivre pour arriver à la perfection de l'art d'écrire ?

Voilà les trois questions que nous nous proposons de traiter.

Commençons par l'étymologie du mot.

Rien ne nous apprenant le nom de cette composition chez les peuples de l'Antiquité, nous ne devons, ce me semble, nous attacher qu'à découvrir par quel motif elle porta chez nous celui que nous nous donnons encore.

La langue *romane* était, comme on le sait, un mélange de l'idiome celtique et latin en usage sous les deux premières races de nos rois. Il est assez raisonnable de croire que les ouvrages du genre dont nous parlons, composés dans cette langue, durent en porter le nom, et que l'on dut dire *une romane* pour exprimer l'ouvrage où il s'agissait d'aventures amoureuses, comme on a dit *une romance* pour parler des complaintes du même genre. En vain chercherait-on une étymologie différente à ce mot. Le bon sens n'en offrant aucune autre, il paraît simple d'adopter celle-là.

Passons donc à la deuxième question.

Chez quel peuple devons-nous trouver la source de ces sortes d'ouvrages, et quels sont les plus célèbres ?

L'opinion commune croit la découvrir

chez les Grecs, elle passa de là chez les Mores, d'où les Espagnols la prirent pour la transmettre ensuite à nos troubadours, de qui nos romanciers de chevalerie la reçurent.

Quoique je respecte cette filiation, et que je m'y soumette quelquefois, je suis loin cependant de l'adopter rigoureusement ; n'est-elle pas, en effet, bien difficile dans les siècles où les voyages étaient si peu connus et les communications si interrompues ? Il est des modes, des usages, des goûts qui ne se transmettent point ; inhérents à tous les hommes, ils naissent naturellement avec eux. Partout où ils existent, se retrouvent des traces inévitables de ces goûts, de ces usages et de ces modes.

N'en doutons point, ce fut dans les contrées qui, les premières, reconnurent des dieux, que les romans prirent leur source, et, par conséquent, en Égypte, berceau certain de tous les cultes. A peine les hommes eurent-ils soupçonnés des êtres immortels, qu'ils les firent agir et parler. Dès lors, voilà des métamorphoses, des fables, des paraboles, des romans ; en un mot, voilà des ouvrages de fictions, dès que la fiction s'empare de l'esprit des hommes. Voilà des livres fabuleux, dès qu'il est question de chimères.

Quand les peuples, d'abord guidés par les prêtres, après s'être égorgés pour leurs fantastiques divinités, s'arment enfin pour leur roi ou pour leur patrie, l'hommage offert à l'héroïsme balance celui de la superstition ; non seulement on met, très sagement alors, les héros à la place des dieux, mais on chante les enfants de Mars comme on avait célébrés ceux du ciel. On ajoute aux grandes actions de leur vie, ou, las de s'entretenir d'eux, on crée des personnages qui leur ressemblent, qui les surpassent, et, bientôt, de nouveaux romans paraissent, plus vraisemblables sans doute, et bien plus faits pour l'homme que ceux qui n'ont célébré que des fantômes.

Hercule[1], grand capitaine, dut vaillam-

---

1. Hercule est un nom générique, composé de deux mots celtiques, *Her-Coule*, ce qui veut dire Monsieur le capitaine. *Hercoule*

ment combattre ses ennemis, voilà le héros et l'histoire : Hercule détruisant des monstres, pourfendant des géants, voilà le dieu, la fable et l'origine de la superstition – mais de la superstition raisonnable, puisque celle-ci n'a pour base que la récompense de l'héroïsme, la reconnaissance due aux libérateurs d'une nation, au lieu que celle qui forge des êtres incréés et jamais aperçus n'a que la crainte, l'espérance, et le dérèglement d'esprit pour motif.

Chaque peuple eut donc ses dieux, ses demi-dieux, ses héros, ses véritables histoires et ses fables. Quelque chose, comme on vient de le voir, put être vrai dans ce qui concernait les héros ; tout fut controuvé, tout fut fabuleux dans le reste ; tout fut ouvrage d'invention, tout fut roman parce que les dieux ne parlèrent que par l'organe des hommes, qui, plus ou moins intéressés à

était le nom du général de l'armée, ce qui multiplia infiniment les *Hercoules*. La fable attribua ensuite à un seul les actions merveilleuses de plusieurs. Voyez *Histoire des Celtes*, par Peloutier. (Gageons que cette note, que Sade tire de *l'Histoire des Celtes*, aura du mal à convaincre historiens et linguistes. Note de l'éditeur.)

ce ridicule artifice, ne manquèrent pas de composer le langage des fantômes de leur esprit, de tout ce qu'ils imaginèrent de plus fait pour séduire ou pour effrayer, et, par conséquent, de plus fabuleux. « C'est une opinion reçue – dit le savant Huet[1] – que le nom de roman se donnait autrefois aux histoires, et qu'il s'appliqua depuis aux fictions, ce qui est un témoignage invincible que les unes sont venues des autres. »

Il y eut donc des romans écrits dans toutes les langues, chez toutes les nations, dont le style et les faits se trouvèrent calqués et sur les mœurs nationales, et sur les opinions reçues par ces nations.

L'homme est sujet à deux faiblesses qui tiennent à son existence, qui la caractérisent. Partout il faut *qu'il prie*, partout il faut *qu'il aime* ; et voilà la base de tous les romans. Il en a fait pour peindre les êtres

---

1. Pierre-Daniel Huet (1630-1721), auteur de *Zaïde*, de *Commentaires inédits sur les Écritures*, et de *Traité sur l'origine des romans* d'où Sade extrait cette citation. (N.d.É.)

qu'il *implorait,* il en a fait pour célébrer ceux qu'il aimait. Les premiers, dictés par la terreur ou l'espoir, durent être sombres, gigantesques, pleins de mensonges et de fictions – tels sont ceux qu'Hedras composa durant la captivité de Babylone. Les seconds, emplis de délicatesse et de sentiments – tel est celui de *Théagène et Chariclée,* par Héliodore[1]. Mais comme l'homme *pria,* comme il *aima* partout, sur tous les coins du globe qu'il habita, il y eut des romans, c'est-à-dire des ouvrages de fictions qui, tantôt peignirent les objets fabuleux de son culte, tantôt ceux plus réels de son amour.

Il ne faut donc pas s'attacher à trouver la source de ce genre d'écrire chez telle ou telle nation de préférence. On doit se persuader, par ce qui vient d'être dit, que toutes l'ont plus ou moins employé, en raison du plus ou moins de penchant qu'elles

1. D'Héliodore d'Émèse (IIIe siècle après Jésus-Christ ?), on ne connaît que *Les Éthiopiques,* d'où Sade a tiré les personnages de Théagène et Chariclée. (N.d.É.)

ont éprouvé, soit à l'amour, soit à la superstition.

Un coup d'œil rapide, maintenant, sur les nations qui ont le plus accueilli ces ouvrages, sur ces ouvrages mêmes et sur ceux qui les ont composés. Amenons le fil jusqu'à nous pour mettre nos lecteurs à même d'établir quelques idées de comparaison.

Aristide de Milet[1] est le plus ancien romancier dont l'Antiquité parle, mais ses ouvrages n'existent plus. Nous savons seulement qu'on nommait ses contes *Les Milésiarques*. Un trait de la préface de *L'Ane d'or* semble prouver que les productions d'Aristide étaient licencieuses – « Je vais écrire dans ce genre », dit Apulée en commençant son *Ane d'or*.

1. Nous ne connaissons d'Aristide de Milet (? avant Jésus-Christ) qu'un fragment de ce que Sade appelle ici *Les Milésiarques*, connus aussi sous le titre de *Fables milésiennes*, un genre dans lequel allaient s'illustrer Lucien et Apulée. (N.d.É.)

Antoine Diogène, contemporain d'Alexandre, écrivit d'un style plus châtié *Les Amours de Dinias et de Dercillis*, roman plein de fictions, de sortilèges, de voyages et d'aventures fort extraordinaires, que Le Seurre copia, en 1745, dans un petit ouvrage plus singulier encore ; car non content de faire, comme Diogène, voyager ses héros dans des pays connus, il les promène tantôt dans la lune, et tantôt dans les enfers.

Viennent ensuite les aventures de Sinonis et de Rhodanis, par Jamblique[1] ; les amours de Théagène et de Chariclée, que nous venons de citer ; *La Ciropédie*, de Xénophon ; les amours de Daphnis et Chloé, de Longus ; ceux d'Ismène et d'Isménie, et beaucoup d'autres, ou traduits ou totalement oubliés de nos jours.

Les Romains, plus portés à la critique, à

---

1. Jamblique le Syrien (vers 125 après Jésus-Christ). Nous ne possédons plus que d'infimes fragments de son roman, *Les Histoires babyloniennes*. (N.d.É.)

la méchanceté qu'à l'amour ou qu'à la prière, se contentèrent de quelques satyres, telles que celles de Pétrone et de Varon, qu'il faudrait bien se garder de classer au nombre des romans.

Les Gaulois, plus près de ces deux faiblesses, eurent leurs bardes qu'on peut regarder comme les premiers romanciers de la partie de l'Europe que nous habitons aujourd'hui. La profession de ces bardes, dit Lucain, était d'écrire en vers les actions immortelles des héros de leurs nations, et de les chanter au son d'un instrument qui ressemblait à la lyre. Bien peu de ces ouvrages sont connus de nos jours. Nous eûmes ensuite, les faits et les gestes de Charles le Grand, attribués à l'archevêque Turpin, et tous les romans de la Table ronde, les Tristan, les Lancelot du Lac, les Perce-Forêts, tous écrits dans la vue d'immortaliser des héros connus, ou d'en inventer d'après ceux-là qui, parés par l'imagination, les surpassent en merveilles. Mais quelle distance, de ces ouvrages longs, ennuyeux, empestés de superstition, aux romans grecs qui les avaient précédés ! Quelle barbarie, quelle grossièreté succédaient aux romans pleins de goût et d'agréables fictions dont les Grecs nous avaient donné les modèles ! Car, bien qu'il y en eût sans doute d'autres avant eux, au moins alors ne connaissait-on que ceux-là.

Les troubadours parurent ensuite et, quoiqu'on doive les regarder plutôt comme des poètes que comme des romanciers, la multitude de jolis contes qu'ils composèrent en prose leur obtient cependant, avec juste raison, une place parmi les écrivains dont nous parlons. Qu'on jette, pour s'en convaincre, les yeux sur leurs fabliaux, écrits en langue *romane* sous le règne de Hugues Capet et que l'Italie copia avec tant d'empressement.

Cette belle partie de l'Europe, encore gémissante sous le joug des Sarrasins, encore loin de l'époque où elle devait être le berceau de la renaissance des arts, n'avait presque point eu de romanciers jusqu'au Xe siècle. Ils y parurent à peu près à la même époque que nos troubadours en France, et les imitèrent. Ce ne furent point les Italiens qui devinrent nos maîtres dans cet art, comme le dit Laharpe[1] – à la page 242 du troisième volume du *Lycée* –, ce fut au contraire chez nous qu'ils se formèrent ; ce fut à l'école de nos troubadours que Dante, Boccace, Tassoni[2] et même un peu Pétrarque esquissèrent leurs compositions. Presque toutes les nouvelles de Boccace se retrouvent dans nos fabliaux. Il n'en est pas de même des Espagnols – instruits dans l'art de la fiction par les Mores qui, eux-mêmes, le tenaient des Grecs dont ils possédaient tous les ouvrages de ce genre traduits en

---

1. Jean-François de Laharpe (1739-1803) ; auteur d'un volumineux cours de littérature (neuf volumes) paru en 1799 sous le titre *Le Lycée*. (N.d.É.)

2. Alessandro Tassoni (1565-1635) ; poète italien, auteur notamment du *Seau enlevé*, satire de la bourgeoisie de son

arabe –, ils firent de délicieux romans, imités par nos écrivains ; nous y reviendrons.

A mesure que la galanterie prit une face nouvelle en France, le roman se perfectionna et ce fut alors, c'est-à-dire au commencement du siècle dernier, que d'Urfé écrivit son roman de *L'Astrée*, qui nous fit préférer, à bien juste titre, ses charmants bergers du Lignon aux preux extravagants des XIe et XIIe siècles. La fureur de l'imitation s'empara dès lors de tous ceux à qui la nature avait donné le goût de ce genre. L'étonnant succès de *L'Astrée*, qu'on lisait encore au milieu de ce siècle, avait absolument embrasé les têtes et on l'imita sans l'atteindre.

Gomberville[1], La Calprenède[2], Desma-

---

temps, dans laquelle on a vu la source du *Lutrin* de Boileau. (N.d.É.)

1. Marin Le Roy de Gomberville (1600-1674). Auteur d'un roman pastoral imité de *L'Astrée : La Carithée* (1621). (N.d.É.)

2. Gautier de Costes, sieur de La Calprenède (1609-1663). Auteur de romans héroïques : *Cassandre* (1642) ; *Cléopâtre* (1647). (N.d.É.)

rets[1], Scudéri[2] crurent surpasser leur original en mettant des princes ou des rois à la place des bergers du Lignon, et ils retombèrent dans le défaut qu'évitait leur modèle. La Scudéri fit la même faute que son frère ; comme lui, elle voulut ennoblir le genre de d'Urfé et, comme lui, elle mit d'ennuyeux héros à la place de jolis bergers.

Au lieu de représenter dans la personne de Cinna un prince tel que le peint Hérodote, elle composa un Artamène plus fou que tous les personnages de *L'Astrée* ; un amant qui ne sait que pleurer du matin au soir et dont les langueurs excèdent au lieu d'intéresser. Mêmes inconvénients dans sa *Clélie*, ou elle prête aux Romains qu'elle dénature toutes les extravagances des modèles qu'elle suivait, et qui jamais n'avaient été mieux défigurés.

Qu'on nous permette de rétrograder un

---

1. Jean Desmarets (dit Desmarets de Saint-Sorlin – 1595-1676). Après un emploi de bouffon auprès de Louis XIII, il publia un *Clovis* (1657) et *Les Délices de l'esprit* (1658). (N.d.É.)
2. Madeleine de Scudéry. (N.d.É.)

instant pour accomplir la promesse que nous venons de faire de jeter un coup d'œil sur l'Espagne.

Certes, si la chevalerie avait inspiré nos romanciers en France, à quel degré n'avait-elle pas également monté les têtes au-delà des monts ? Le catalogue de la bibliothèque de Don Quichotte, plaisamment fait par Miguel Cervantès, le démontre évidemment. Mais quoi qu'il en puisse être, le célèbre auteur des mémoires du plus grand fou qui ait pu venir à l'esprit d'un romancier n'avait assurément point de rivaux. Son immortel ouvrage, connu de toute la terre, traduit dans toutes les langues et qui doit se considérer comme le premier de tous les romans, possède sans doute plus qu'aucun d'entre eux l'art de narrer, d'entremêler agréablement les aventures, et particulièrement d'instruire en amusant.

« Ce livre, disait Saint-Évremond, est le seul que je relis sans m'ennuyer, et le seul que je voudrais avoir fait. »

Les douze nouvelles du même auteur,

remplies d'intérêt, de sel et de finesse, achèvent de placer au premier rang ce célèbre écrivain espagnol sans lequel, peut-être, nous n'eussions eu ni le charmant ouvrage de Scarron, ni la plupart de ceux de Lesage.

Après d'Urfé et ses imitateurs, après les Ariane, les Cléopâtre, les Pharamond, les Polixandre, tous ces ouvrages, enfin, où le héros, soupirant neuf volumes, était bien heureux de se marier au dixième ; après, dis-je, tout ce fatras inintelligible aujourd'hui, parut Madame de La Fayette qui, quoique séduite par le langoureux ton qu'elle trouva établi dans ceux qui la précédaient, abrégea néanmoins beaucoup. En devenant plus concise, elle se rendit plus intéressante. On a dit, parce qu'elle était une femme — comme si ce sexe, naturellement plus délicat, plus fait pour écrire le roman, ne pouvait en ce genre prétendre à bien plus de lauriers que nous —, on a prétendu, dis-je, qu'infiniment aidée La

Fayette n'avait fait ses romans qu'avec le secours de La Rochefoucauld pour les pensées et de Segrais pour le style.

Quoi qu'il en soit, rien d'intéressant comme *Zayde*[1], rien d'écrit agréablement comme *La Princesse de Clèves*. Aimable et charmante femme, si les grâces tenaient ton pinceau, n'était-il donc pas permis à l'amour de le diriger quelques fois ?

Fénelon parut, et crut se rendre intéressant en dictant poétiquement une leçon à des souverains qui ne la suivirent jamais. Voluptueux amant de Guion[2], ton âme avait besoin d'aimer, ton esprit éprouvait celui de peindre. En abandonnant le pédantisme, ou l'orgueil d'apprendre à régner, nous eussions eu de toi des chefs-d'œuvre au lieu d'un livre qu'on ne lit plus.

Il n'en sera pas de même de toi, délicieux

---

1. *Zaïde*, de Pierre-Daniel Huet. (N.d.É.)
2. Madame Guyon (1648-1717), qui fonda le quiétisme, et dont Fénelon fut l'ami. Elle passa cinq années à la Bastille – ce qui lui vaut sans doute cette rude et amicale mention sans titre ni prénom. (N.d.É.)

Scarron, jusqu'à la fin du monde, ton immortel roman fera rire, tes tableaux ne vieilliront jamais. *Télémaque,* qui n'avait qu'un siècle à vivre, périra sous les ruines de ce siècle qui n'est déjà plus ; et tes comédiens du Mans, cher et aimable enfant de la folie, amuseront même les plus graves lecteurs tant qu'il y aura des hommes sur la terre.

Vers la fin du même siècle, la fille du célèbre Poisson – Madame de Gomez[1] –, dans un genre bien différent que les écrivains de son sexe qui l'avaient précédée, écrivit des ouvrages qui, pour cela, n'en n'étaient pas moins agréables ; et ses *Journées amusantes,* ainsi que ses *Cent nouvelles,* feront toujours, malgré bien des défauts, le fond de la bibliothèque de tous les amateurs de ce genre.

Gomez entendait son art, on ne saurait

---

1. Madeleine-Angélique de Gomez (1684-1770). Fille du comédien Paul Poisson, elle épousa un hidalgo désargenté et dut vivre de sa plume ; *Les Cent Nouvelles* (1732-1739). (N.d.É.)

lui refuser ce juste éloge. Mademoiselle de Lussan, Mesdames de Tensin[1], de Graffigni[2], Élie de Beaumont[3] et Riccoboni[4] la rivalisèrent. Leurs écrits, pleins de délicatesse et de goût, honorent assurément leur sexe. *Les Lettres péruviennes* de Graffigni seront toujours un modèle de tendresse et de sentiment, comme celles de Myladi Catesbi, par Riccoboni, pourront éternellement servir à ceux qui ne prétendent qu'à la grâce et à la légèreté du style.

Mais reprenons le siècle où nous l'avons quitté, pressés par le désir de louer des femmes aimables qui donnaient en ce genre de si bonnes leçons aux hommes.

L'épicurisme des Ninon de Lenclos, des

1. Claudine de Tencin (1682-1749). Mère de D'Alembert. Elle est surtout connue pour son salon. (N.d.É.)
2. Françoise d'Issembourg, dame de Graffigny (1695-1758). Petite-nièce de Jaques Callot, auteur de *Lettres d'une Péruvienne* (1747). (N.d.É.)
3. Anne-Louise Élie de Beaumont (1729-1783) écrivit de nombreux romans historiques. (N.d.É.)
4. Marie-Jeanne Riccoboni (1723-1792), auteur, entre autres, de *Lettres de Milady Juliette Castesby* (1759). (N.d.É.)

Marion de Lorme, des marquis de Sévigné et de Lafare[1], des Chaulieu[2], des Saint-Évremond, de toute cette société charmante enfin, qui, revenue des langueurs du dieu de Cythère, commençait à penser, comme Buffon, qu'« il n'y a de bon en amour que le physique », changea bientôt le ton des romans. Les écrivains qui parurent ensuite sentirent que les fadeurs n'amuseraient plus un siècle perverti par le Régent, un siècle revenu des folies chevaleresques, des extravagances religieuses et de l'adoration des femmes. Trouvant plus simple d'amuser ces femmes, ou de les corrompre, que de les servir ou de les encenser, ils créent des événements, des tableaux, des conversations plus à l'esprit du jour. Ils enveloppèrent du cynisme, des immoralités, sous un style agréable et badin, quelquefois même philosophique, et plurent au moins s'ils n'instruisirent pas.

1. Charles-Auguste de Lafare (1644-1712). Auteur de chansons et pièces galantes. (N.d.É.)
2. Guillaume Amfrye, abbé de Chaulieu (1639-1720). Auteur d'odes et de poésies légères. (N.d.É.)

Crébillon écrivit *Le Sopha, Tanzai, Les Égarements du cœur et de l'esprit*, etc. Tous romans qui flattaient le vice et s'éloignaient de la vertu, mais qui, lorsqu'on les donna, devaient prétendre aux plus grands succès.

Marivaux, plus original dans sa manière de peindre, plus nerveux, offrit au moins des caractères, captiva l'âme et fit pleurer. Mais comment, avec une telle énergie, pouvait-on avoir un style aussi précieux, aussi maniéré ? Il prouva bien que la nature n'accorde jamais au romancier tous les dons nécessaires à la perfection de son art.

Le but de Voltaire fut tout différent. N'ayant d'autre dessein que de placer de la philosophie dans ces romans, il abandonna tout pour ce projet. Avec quelle adresse il y réussit ! Et, malgré toutes les critiques, *Candide* et *Zadig* ne seront-ils pas toujours des chefs-d'œuvre ?

Rousseau, à qui la nature avait accordé, en délicatesse, en sentiment, ce qu'elle n'avait donné qu'en esprit à Voltaire, traita le roman d'une bien autre façon. Que de vigueur, que d'énergie dans *L'Héloïse*! Lorsque Momus[1] dictait *Candide* à Voltaire, l'amour traçait de son flambeau toutes les pages brûlantes de Julie, et l'on peut dire avec raison que ce livre sublime n'aura jamais d'imitateurs. Puisse cette vérité faire tomber la plume des mains à cette foule d'écrivains éphémères qui, depuis trente ans, ne cessent de nous donner de mauvaises copies de cet immortel original! Qu'ils sentent donc que, pour l'atteindre, il faut une âme de feu comme celle de Rousseau, un esprit philosophe comme le sien – deux choses que la nature ne réunit pas deux fois dans le même siècle.

Au travers de tout cela, Marmontel nous donnait des contes, qu'il appelait *moraux*, non pas – dit un littérateur estimable – qu'ils enseignassent la morale, mais parce

---

[1]. Momus – ou Momos – dieu de l'ironie, du sarcasme. (N.d.É.)

qu'ils peignaient nos mœurs; cependant un peu trop dans le genre maniéré de Marivaux. D'ailleurs que sont ces contes? Des puérilités uniquement écrites pour les femmes et les enfants, et qu'on ne croira jamais de la même main que *Bélisaire*, ouvrage qui suffirait seul à la gloire de l'auteur. Celui qui avait fait le quinzième chapitre de ce livre devait-il donc prétendre à la petite gloire de nous donner des contes à l'*eau-rose*?

Enfin les romans anglais, les vigoureux ouvrages de Richardson[1] et de Fielding[2], vinrent apprendre aux Français que ce n'est pas en peignant les fastidieuses langueurs de l'amour, ou les ennuyeuses conversations des ruelles, qu'on peut obtenir des succès de ce genre, mais en traçant des caractères

1. Samuel Richardson (1689-1761). Créateur du roman anglais moderne, auteur de *Pamela, ou la vertu récompensé* (1740) et de *Clarisse Harlowe* (1747). (N.d.É.)
2. Henry Fielding (1707-1754). D'après Walter Scott, le premier des écrivains anglais; auteur, notamment, du célèbre *Tom Jones*. (N.d.É.)

mâles qui, jouets et victimes de cette effervescence du cœur connue sous le nom d'amour, nous en montrent à la fois et les dangers et les malheurs. De là seul peuvent s'obtenir ces développements, ces passions, si bien tracés dans les romans anglais. C'est Richardson, c'est Fielding qui nous ont appris que l'étude profonde du cœur de l'homme, véritable dédale de la nature, peut seul inspirer le romancier, dont l'ouvrage doit nous faire voir l'homme, non pas seulement ce qu'il est, ou ce qu'il se montre – c'est le devoir de l'historien –, mais tel qu'il peut être, tel que doivent le rendre les modifications du vice et toutes les secousses des passions. Il faut donc les connaître toutes si l'on veut travailler ce genre. Là nous apprîmes aussi que ce n'est pas toujours en faisant triompher la vertu qu'on intéresse, qu'il faut y tendre bien certainement autant qu'on y peut, mais que cette règle – ni dans la nature, ni dans Aristote, mais seulement celle à laquelle nous voudrions que tous les hommes s'assujettissent pour notre bonheur – n'est nullement essentielle dans le roman, n'est pas même celle qui doit conduire à l'intérêt ; car lorsque la vertu triomphe, les choses étant ce qu'elles doivent être, nos larmes sont taries avant que de couler, mais si, après les plus rudes épreuves, nous voyons enfin la vertu terrassée par le vice, indispensablement nos âmes se déchirent, et l'ouvrage nous ayant excessivement émus, ayant, comme disait Diderot, *ensanglanté nos cœurs au revers*, doit indubitablement produire l'intérêt qui seul assure des lauriers.

Que l'on réponde : si, après douze ou quinze volumes, l'immortel Richardson eût *vertueusement* fini par convertir Lovelace et par lui faire *paisiblement* épouser Clarisse, eût-on versé, à la lecture de ce roman pris dans le sens contraire, les larmes délicieuses qu'il obtient de tous les êtres sensibles ? C'est donc la nature qu'il faut saisir quand on travaille ce genre ; c'est le cœur de l'homme – le plus singulier de ses ouvrages –, et nullement la vertu, parce que la vertu, quelque belle, quelque nécessaire qu'elle soit, n'est pourtant qu'un des modes de ce cœur étonnant, dont la profonde étude est si nécessaire au romancier, et que le roman, miroir fidèle de ce cœur, doit nécessairement en tracer tous les plis.

Savant traducteur de Richardson, Prévôt, toi à qui nous devons d'avoir fait passer dans notre langue les beautés de cet écrivain célèbre, ne t'est-il pas dû, pour ton propre compte, un tribut d'éloges aussi bien mérité ? Et n'est-ce pas à juste titre qu'on pourrait t'appeler le *Richardson français* ? Toi seul eus l'art d'intéresser longtemps par des fables implexes, en soutenant toujours l'intérêt quoiqu'en le divisant. Toi seul ménageas toujours assez bien tes épisodes, pour que l'intrigue principale dût plutôt gagner que perdre à leur multitude ou à leur complication. Ainsi cette quantité d'événements que te reproche Laharpe est non seulement ce qui produit chez toi le plus sublime effet, mais en même temps ce qui prouve le mieux et la bonté de ton esprit, et l'excellence de ton génie.

« *Les Mémoires d'un homme de qualité*, enfin – pour ajouter, à ce que nous pensons de Prévôt, ce que d'autres que nous ont également pensé – *Cleveland, L'Histoire d'une Grecque moderne, Le Monde moral, Manon Lescaut* surtout [1] sont emplis de ces scènes attendrissantes et terribles qui frappent et attachent invinciblement. Les situations de ces ouvrages, heureusement ménagées, amènent de ces moments où la nature frémit d'horreur, etc. »

Et voilà ce qui s'appelle écrire le roman ; voilà ce qui dans la postérité assurera à Pré-

---

1. Quelles larmes que celles qu'on verse à la lecture de ce délicieux ouvrage ! Comme la nature y est peinte, comme l'intérêt s'y soutient, comme il augmente par degrés ! Que de difficultés vaincues ! Que de philosophes à avoir fait ressortir tout cet intérêt d'une fille perdue ! Dirait-on trop en osant assurer que cet ouvrage a des droits au titre de notre meilleur roman ? Ce fut là où Rousseau vit que, malgré des imprudences et des étourderies, une héroïne pouvait prétendre encore à nous attendrir, et peut-être n'eussions nous jamais eu *Julie*, sans *Manon Lescaut*.

vôt une place où n'atteindra nul de ses rivaux.

Vinrent ensuite les écrivains du milieu de ce siècle : Dorat[1], aussi maniéré que Marivaux, aussi froid, aussi peu moral que Crébillon, mais écrivain plus agréable que les deux à qui nous le comparons. La frivolité de son siècle excuse la sienne, et il eut l'art de la bien saisir.

Auteur charmant de la reine de Golconde, me permets-tu de t'offrir un laurier ? On eut rarement un esprit plus agréable, et les plus jolis contes du siècle ne valent pas celui qui t'immortalise – à la fois plus aimable et plus heureux qu'Ovide puisque le Héros-Sauveur de la France prouve, en te rappelant au sein de ta patrie, qu'il est autant l'ami d'Apollon que de Mars. Réponds à l'espoir de ce grand homme en

---

1. Claude-Joseph Dorat (1734-1780). Mousquetaire et auteur de tragédies *(Théagène et Chariclée)*, de comédies *(La Feinte par amour)*, et de romans *(Les Malheurs de l'inconstance)*. (N.d.É.)

ajoutant encore quelques jolis roses sur le sein de la belle Aline.

Darnaud, émule de Prévôt, peut souvent prétendre à le surpasser. Tous deux trempèrent leurs pinceaux dans le Styx, mais Darnaud, quelquefois, adoucit le sien sur les flancs de l'Élysée ; Prévôt, plus énergique, n'altéra jamais les teintes de celui dont il traça *Cleveland*.

R...[1] inonde le public ; il lui faut une presse au chevet de son lit. Heureusement que celle-là toute seule gémira de ses *terribles productions*. Un style bas et rampant, des aventures dégoûtantes, toujours puisées dans la plus mauvaise compagnie, nul autre mérite, enfin, que celui d'une prolixité... dont les seuls marchands de poivre le remercieront.

Peut-être devrions-nous analyser ici ces romans nouveaux, dont le sortilège et la

---

1. Nicolas-Edme Restif de La Bretonne (1734-1806) ? (N.d.É.)

fantasmagorie composent à peu près tout le mérite, en plaçant à leur tête *Le Moine*[1], supérieur, sous tous les rapports, aux bizarres élans de la brillante imagination de Radcliffe[2]. Mais cette dissertation serait trop longue. Convenons que ce genre, quoi qu'on puisse en dire, n'est assurément pas sans mérite. Il devenait le fruit indispensable des secousses révolutionnaires dont l'Europe entière se ressentait. Pour qui connaissait tous les malheurs dont les méchants peuvent accabler les hommes, le roman devenait aussi difficile à faire que monotone à lire. Il fallait donc appeler l'enfer à son secours pour composer des titres à l'intérêt, et trouver dans le pays des chimères ce qu'on savait couramment en ne fouillant que l'histoire de l'homme dans cet âge de fer. Mais que d'inconvénients présentait cette manière d'écrire ! L'auteur du *Moine* ne les a pas plus évités que Radcliffe. Ici, nécessairement, de deux choses l'une :

1. De Matthew Gregory Lewis (1775-1818). (N.d.É.)
2. Ann Radcliffe (1764-1823). (N.d.É.)

ou il faut développer le sortilège, et, dès lors, vous n'intéresserez plus ; ou il ne faut jamais lever le rideau, et vous voilà dans la plus affreuse invraisemblance. Qu'il paraisse dans ce genre un ouvrage assez bon pour atteindre le but sans se briser contre l'un ou l'autre de ces écueils, loin de lui reprocher ses moyens, nous l'offrirons alors comme un modèle.

Avant que d'entamer notre troisième et dernière question – « Quelles sont les règles de l'art d'écrire le roman ? » –, nous devons, ce me semble, répondre à la perpétuelle objection de quelques esprits atrabilaires, qui, pour se donner le vernis d'une morale, dont souvent leur cœur est bien loin, ne cessent de vous dire : « A quoi servent les romans ? »

A quoi ils servent, hommes hypocrites et pervers – car vous seuls faites cette ridicule question –, ils servent à vous peindre tels que vous êtes, orgueilleux individus qui voulez vous soustraire au pinceau parce que vous en redoutez les effets. Le roman étant, s'il est possible de s'exprimer ainsi, *le tableau des mœurs séculaires*, est aussi essentiel que l'Histoire au philosophe qui veut connaître l'homme ; car le burin de l'une ne le peint que lorsqu'il se fait voir – et alors ce n'est plus lui ; l'ambition, l'orgueil couvrent son front d'un masque qui ne nous représente que ces deux passions et non l'homme. Le pinceau du roman, au contraire, le saisit dans son intérieur, le prend quand il quitte ce masque, et l'esquisse, bien plus intéressante, est en même temps bien plus vraie ; voilà l'utilité des romans. Froids censeurs qui ne les aimez pas, vous ressemblez à ce cul-de-jatte qui disait aussi : « Et pourquoi fait-on des portraits ? »

S'il est donc vrai que le roman soit utile, ne craignons point de tracer ici quelques-uns des principes que nous croyons nécessaires pour porter ce genre à la perfection.

Je sens bien qu'il est difficile de remplir cette tâche sans donner des armes contre moi. Ne deviens-je pas doublement coupable de n'avoir pas *bien fait* si je prouve que je sais ce qu'il faut pour *faire bien* ? Ah ! laissons ces vaines considérations ; qu'elles s'immolent à l'amour de l'art.

La connaissance la plus essentielle qu'il exige est bien certainement celle du cœur de l'homme. Or cette connaissance importante, tous les bons esprits nous approuveront sans doute en affirmant qu'on ne l'acquiert que par des *malheurs* et par des *voyages*. Il faut avoir vu des hommes de toutes les nations pour les bien connaître, et il faut avoir été leur victime pour savoir les apprécier. La main de l'infortune, en exaltant le caractère de celui qu'elle écrase, le met à la juste distance où il faut qu'il soit pour étudier les hommes ; il les voit de là comme le passager aperçoit les flots en fureur se briser contre l'écueil sur lequel l'a jeté la tempête. Mais, dans quelque situation que l'ait placé la nature ou le sort, s'il veut connaître les hommes, qu'il parle peu quand il est avec eux ; on n'apprend rien quand on parle, on ne s'instruit qu'en écoutant ; et voilà pourquoi les bavards ne sont communément que des sots.

Ô toi qui veut parcourir cette épineuse carrière, ne perds pas de vue que le romancier est l'homme de la nature, elle l'a créé pour être son peintre !

S'il ne devient pas l'amant de sa mère dès que celle-ci l'a mis au monde, qu'il n'écrive jamais, nous ne le lirons point ; mais s'il éprouve cette soif ardente de tout peindre, s'il entrouvre avec frémissement le sein de la nature pour y chercher son art et pour y puiser des modèles, s'il a la fièvre du talent et l'enthousiasme du génie, qu'il suive la main qui le conduit, il a deviné l'homme, il le peindra. Maîtrisé par son imagination, qu'il y cède, qu'il embellisse ce qu'il voit. Le sot cueille une rose et l'effeuille, l'homme de génie la respire et la peint : voilà celui que nous lirons.

Mais, en te conseillant d'embellir, je te défends de t'écarter de la vraisemblance : le lecteur a le droit de se fâcher quand il s'aperçoit qu'on veut trop exiger de lui ; il voit qu'on cherche à le rendre dupe ; son amour-propre en souffre, il ne croit plus rien dès qu'il soupçonne qu'on veut le tromper.

Contenu, d'ailleurs, par aucune digue, use à ton aise du droit de porter atteinte à toutes les anecdotes de l'Histoire quand la rupture de ce frein devient nécessaire aux plaisirs que tu nous prépares. Encore une fois, on ne te demande point d'être vrai, mais seulement d'être vraisemblable. Trop exiger de toi serait nuire aux jouissances que nous en attendons : ne remplace point, cependant, le vrai par l'impossible, et que ce que tu inventes soit bien dit. On ne te pardonne de mettre ton imagination à la place de la vérité que selon la clause expresse d'orner et d'éblouir. On n'a jamais le droit de mal dire tout ce qu'on veut ; si tu n'écris pas, comme R..., *que ce que tout le monde sait*, dusses-tu, comme lui, nous donner quatre volumes par mois, ce n'est pas la peine de prendre la plume ; personne ne te contraint au métier que tu fais ; mais, si tu l'entreprends, fais-le bien. Ne l'adopte surtout pas comme un secours à ton existence ; ton travail se ressentirait de tes besoins, tu lui transmettrais ta faiblesse, il aurait la pâleur de la faim. D'autres métiers se présentent à toi : fais des souliers et n'écris point de livres. Nous ne t'en estimerons pas moins et, comme tu ne nous ennuieras pas, nous t'aimerons peut-être davantage.

Une fois ton esquisse jetée, travaille ardemment à l'étendre, mais sans te resserrer dans les bornes qu'elle paraît d'abord te prescrire, tu deviendrais maigre et froid avec cette méthode. Ce sont des élans que nous voulons de toi, et non pas des règles. Dépasse tes plans, varie-les, augmente-les ; ce n'est qu'en travaillant que les idées viennent. Pourquoi ne veux-tu pas que celle qui te presse quand tu composes soit aussi bonne que celle dictée par ton esquisse ?

Je n'exige essentiellement de toi qu'une seule chose, c'est de soutenir l'intérêt jusqu'à la dernière page. Tu manques le but si tu coupes ton récit par des incidents ou trop répétés, ou qui ne tiennent pas au sujet. Que ceux que tu te permettras soient encore plus soignés que le fond. Que tes épisodes naissent toujours du fond du sujet, et qu'ils y rentrent. Si tu fais voyager tes héros, connais bien le pays où tu les mènes. Porte la magie au point de m'identifier avec eux. Songe que je me promène à leurs côtés dans toutes les régions où tu les places, et que, peut-être plus instruit que toi, je ne pardonnerai ni une invraisemblance de mœurs, ni un défaut de costume, encore moins une faute de géographie. Comme personne ne te contraint à ces échappées, il faut que tes descriptions locales soient réelles, ou il faut que tu restes au coin de ton feu ; c'est le seul cas, dans tous tes ouvrages, où l'on ne puisse tolérer l'invention – à moins que les pays ou tu me transportes ne soient imaginaires, et, dans cette hypothèse encore, j'exigerai toujours du vraisemblable.

Évite l'afféterie de la morale ; ce n'est pas dans un roman qu'on la cherche. Si les personnages que ton plan nécessite sont quelquefois contraints à raisonner, que ce soit toujours sans affectation, sans la prétention de le faire, ce n'est jamais l'auteur qui doit moraliser, c'est le personnage, et encore ne le lui permet-on que quand il y est forcé par les circonstances.

Une fois au dénouement, qu'il soit naturel, jamais contraint, jamais machiné, mais toujours né des circonstances. Je n'exige pas de toi, comme les auteurs de l'*Encyclopédie*, qu'il soit *conforme au désir du lecteur* ; quel plaisir lui reste-t-il quand il a tout deviné ? Le dénouement doit être tel que les événements le préparent, que la vraisemblance l'exige, que l'imagination l'inspire ; et qu'avec ces principes – que je charge ton esprit et ton goût d'étendre –, si tu ne fais pas bien, au moins feras-tu mieux que nous ; car, il faut en convenir, dans les nouvelles qu'on va lire, le vol hardi que nous nous sommes permis de prendre n'est pas toujours d'accord avec la sévérité des règles de l'art ; mais nous espérons que l'extrême vérité des caractères en dédommagera peut-être. La nature, plus bizarre que les moralistes ne nous la peignent, s'échappe à tout instant des digues que la politique de ceux-ci voudraient lui prescrire. Uniforme dans ses plans, irrégulière dans ses effets, son sein toujours agité ressemble au foyer d'un volcan, d'où s'élancent tour à tour ou des pierres précieuses servant au luxe des hommes, ou des globes de feu qui les anéantissent. Grande quand elle peuple la terre et d'Antonins et de Titus, affreuse quand elle y vomit des Andronic ou des Néron, mais toujours sublime, toujours majestueuse, toujours digne de nos études, de nos pinceaux et de notre respectueuse admiration, parce que ses desseins nous sont inconnus, qu'esclaves de ses caprices ou de ses besoins ce n'est jamais sur ce qu'il nous font éprouver que nous devons régler nos sentiments pour elle, mais sur sa grandeur, sur son énergie, quels que puissent en être les résultats.

A mesure que les esprits se corrompent, à mesure qu'une nation vieillit, en raison de ce que la nature est plus étudiée, mieux analysée, que les préjugés sont mieux détruits, il faut les faire connaître davantage. Cette loi est la même pour tous les arts ; ce n'est qu'en avançant qu'ils se perfectionnent ; ils n'arrivent au but que par des essais. Sans doute il ne fallait pas aller si loin dans ces temps affreux de l'ignorance où, courbés sous les fers religieux, on punissait de mort celui qui voulait les apprécier, où les bûchers de l'Inquisition devenaient le prix des talents ; mais dans notre état actuel, partons toujours de ce principe, quand l'homme a soupesé tous ses freins, lorsque, d'un regard audacieux, son œil mesure ses barrières, quand, à l'exemple des Titans, il ose jusqu'au ciel porter sa main hardie et qu'armé de ses passions, comme ceux-ci l'étaient des laves du Vésuve, il ne craint plus de déclarer la guerre à ceux qui le faisaient frémir autrefois, quand ses *écarts* mêmes ne lui paraissent plus que des *erreurs* légitimées par ses études, ne doit-on pas alors lui parler avec la même énergie qu'il emploie lui-même à se conduire ? L'homme du XVIIIe siècle, en un mot, est-il donc celui du XIe ?

Terminons par une assurance positive, que les nouvelles que nous donnons aujourd'hui sont absolument neuves et nullement brodées sur des fonds connus. Cette qualité est peut-être de quelque mérite dans un temps où tout semble être *fait*, où l'imagination épuisée des auteurs paraît ne pouvoir plus rien créer de nouveau, et où l'on n'offre plus au public que des compilations, des extraits ou des traductions.

Cependant, *La Tour enchantée* et *La Conspiration d'Amboise* ont quelques fondements historiques. On voit bien, à la sincérité de nos aveux, combien nous sommes loin de vouloir tromper le lecteur. Il faut être original, dans ce genre, ou ne pas s'en mêler.

Voici ce que, dans l'une ou dans l'autre de ces nouvelles, on peut trouver aux sources que nous indiquons.

L'historien arabe *Abul-cæcim-Terif-aben-Tariq*, écrivain assez peu connu de nos littérateurs du jour, rapporte ce qui suit à l'occasion de *La Tour enchantée* :

> « Rodrigue, prince efféminé, attirait à sa cour, par principe de volupté, les filles de ses vassaux, et il en abusait. De ce nombre fut Florinde, fille du comte Julien. Il la viola. Son père, qui était en Afrique, reçut cette nouvelle par une lettre allégorique de sa fille ; il souleva les Mores et revint en Espagne à leur tête. Rodrigue ne sait que faire, nul fonds dans ses trésors, aucune place ; il va fouiller la Tour enchantée, près de Tolède, où on lui dit qu'il doit se trouver des sommes immenses. Il y pénètre et voit une statue du Temps qui frappe de sa massue et, par une inscription, annonce à Rodrigue toutes les infortunes qui l'at-

tendent. Le prince avance et voit une grande cuve d'eau mais point d'argent. Il revient sur ses pas, il fait fermer la tour. Un coup de tonnerre emporte cet édifice, il n'en reste plus que des vestiges. Le roi, malgré ces funestes pronostics, assemble une armée, se bat huit jours près de Cordoue et est tué sans qu'on puisse retrouver son corps. »

Voilà ce que nous a fourni l'histoire. Qu'on lise notre ouvrage, maintenant, et qu'on voie si la multitude d'événements que nous avons ajoutés à la sécheresse de ce fait mérite ou non que nous regardions l'anecdote comme nous appartenant en propre[1].

1. Cette anecdote est celle que commence Brigandas, dans l'épisode du roman d'*Aline et Valcourt* ayant pour titre *Sainville et Léonore*, et qu'interrompt la circonstance du cadavre trouvé dans la tour. Les contrefacteurs de cet épisode, en le copiant mot pour mot, n'ont pas manqué de copier aussi les quatre premières lignes de cette anecdote, qui se trouve dans la bouche du chef des Bohémiens. Il est donc aussi essentiel pour nous, dans ce moment-ci, que pour ceux qui achètent des romans, de prévenir que les ouvrages qui se vendent chez Pigoreau et Leroux sous le titre de *Valmor et Lidia*, et chez Clérioux et Moutardier sous celui d'*Alzonde et Koradin* ne sont absolument pas la même chose, mais tous les deux pillés littéralement phrase pour phrase de l'épisode de *Sainville et Léonore* formant à peu près trois volumes de mon roman d'*Aline et Valcourt.*

Quant à *La Conspiration d'Amboise*, qu'on la lise dans Garnier, et l'on verra le peu que nous a prêté l'histoire.

Aucun guide ne nous a précédé dans les autres nouvelles – fonds, narré, épisodes, tout est à nous. Peut-être n'est-ce pas ce qu'il y a de plus heureux, qu'importe, nous avons toujours cru et nous ne cesserons jamais d'être persuadé qu'il vaut mieux inventer, fût-on même faible, que de copier ou de traduire. L'un a la prétention du génie, c'en est une au moins ; quelle peut être celle du plagiaire ? Je ne connais pas de métier plus bas, je ne conçois pas d'aveux plus humiliants que ceux où de tels hommes sont contraints en avouant eux-mêmes qu'il faut bien qu'ils n'aient pas d'esprit puisqu'ils sont obligés d'emprunter celui des autres.

A l'égard du traducteur, à Dieu ne plaise que nous enlevions son mérite ; mais il ne fait valoir que nos rivaux, et, ne fût-ce que pour l'honneur de la patrie, ne vaut-il pas mieux dire à ces fiers rivaux, *et nous aussi nous savons créer*?

Je dois enfin répondre au reproche que l'on me fit quand parut *Aline et Valcourt*. Mes pinceaux sont trop forts, je prête au vice des traits trop odieux... En veut-on savoir la raison ? Je ne veux pas faire aimer le vice. Je n'ai pas, comme Crébillon ni comme Dorat, le dangereux projet de faire aimer aux femmes les personnages qui les trompent ; je veux, au contraire, qu'elles les détestent. C'est le seul moyen qui puisse les empêcher d'en être dupes ; et, pour y réussir, j'ai rendu ceux de mes héros qui suivent la carrière du vice tellement effroyables qu'ils n'inspireront bien sûrement ni pitié ni amour. En cela, j'ose le dire, je deviens plus moral que ceux qui se croient permis de les embellir. Les pernicieux ouvrages de ces auteurs ressemblent à ces fruits de l'Amérique qui, sous le plus brillant coloris, portent la mort dans leur sein. Cette trahison de la nature, dont il ne nous appartient pas de dévoiler le motif, n'est pas faite pour l'homme. Jamais, enfin, je le répète, jamais je ne peindrai le crime que sous les couleurs de l'enfer. Je veux qu'on le voie à nu, qu'on le craigne, qu'on le déteste, et je ne connais point d'autre façon, pour en arriver là, que de le montrer avec toute l'horreur qui le caractérise. Malheur à ceux qui l'entourent de roses ! Leurs vues ne sont pas aussi pures, et je ne les copierai jamais. Qu'on ne m'attribue donc plus, d'après ces systèmes, le roman de *J...* Jamais je n'ai fait de tels ouvrages, et je n'en ferai sûrement jamais. Il n'y a que des imbéciles ou des méchants qui, malgré l'authenticité de mes dénégations, puissent me soupçonner ou m'accuser encore d'en être l'auteur, et le plus souverain mépris sera désormais la seule arme avec laquelle je combattrai leurs calomnies.

ACHEVÉ D'IMPRIMER
EN JANVIER 1997
SUR LES PRESSES DE
L'IMPRIMERIE HÉRISSEY
A ÉVREUX (EURE)

Numéro d'éditeur : 0331
Numéro d'imprimeur : 75399
Dépôt légal : février 1997
Imprimé en France